LES
APHRODITES
ou
FRAGMENS
THALI-PRIAPIQUES.

LES APHRODITES

OU

FRAGMENS THALI-PRIAPIQUES,

POUR

SERVIR A L'HISTOIRE DU PLAISIR.

...„ Priape, soutiens mon haleine...
PIRON, *Od.*

N°. II.

A LAMPSAQUE.

1793.

FRAGMENS.

I.	L'OEIL DU MAITRE.	Page 1
II.	OÙ EN SOMMES-NOUS.	27
III.	COLIN-MAILLARD.	48
IV.	L'HABIT NE FAIT PAS L'HOMME.	67

LES APHRODITES.

L'OEIL DU MAITRE.

PREMIER FRAGMENT.

MADAME DURUT, CELESTINE.

═ Elles sont dans le logement de la premiere, & occupées de comptes. — Chacune a sous les yeux un livre de dépense, dont elles vérifient les articles.

MAD. DURUT.

J'ai fait.

CELESTINE.

Et moi aussi, bien juste en même tems que toi.

MAD. DURUT.

A combien, d'après ton addition, se monte la dépense du mois ?

CELESTINE.

A neuf mille, six cents, quatre-vingt-quatre livres, douze sous.

MAD. DURUT.

Barème ne ferait pas plus correct que nous. J'ai le même total, à six deniers près.

CELESTINE.

Tu as raifon: six deniers; je les oubliais à cette colonne.

MAD. DURUT.

La recette?

CELESTINE.

Dix mille, huit cents, quatre-vingt-feize livres, dix-huit fous... fans deniers, pour le coup.

MAD. DURUT.

On ne peut mieux. — Eh bien, Céleftine? Quel eft le métier, le commerce foi-difant honnête qui produiroit par mois, à raifon de nos fonds, un bénéfice net de douze cents, douze livres, cinq fous, six deniers, tous frais faits, & bien des petites fantaifies fatisfaites, dont le prix fe trouve inglobé dans la maffe des dépenfes?

CELESTINE.

L'obfervation eft jufte. Encore, ce mois-ci n'a-t-il pas beaucoup donné.

MAD. DURUT.

Sans compter que j'ai réduit de près de mille écus les mémoires des bâtimens depuis l'approbation des comptes.

CELESTINE.

Tout doux, s'il vous plait, ma chere fœur. *J'ai réduit* eft bientôt dit. Oubliez-vous que ce rabais, c'eſt à moi qu'on en a l'obligation, puiſque j'ai fait ce qu'il fallait pour que M. Duboſſage y ſouſcrivît?

MAD. DURUT.

Tu cries, Mademoiſelle, avant qu'on ne t'écorche! regarde: lis: — (*Elle produit un livret particulier.*) — ,, Trois cents livres de ,, gratification à Mlle Céleſtine, pour le ,, dixieme d'une épargne de trois mille li- ,, vres qu'elle a procurée à l'établiſſement. ,, — Et cela, ſans préjudice de la part d'aſſociée?

CELESTINE.

C'eſt parler cela: & j'aurais maintenant d'autant plus mauvaiſe grace à me faire trop valoir, que ce petit *pince-ſans-rire* d'Artiſte ſe donna les airs de me le mettre (*a*) ſept fois pendant la nuit qui fut le pot-de-vin de votre arrangement.

MAD. DURUT.

Sept fois, mon cœur! Oh, ſur ce pied, ce ſera moi, ne t'en déplaiſe, qui lui compterai, le 30, les mille livres qu'il doit recevoir. Je ne me prévaudrai nullement des dix jours de grace, & j'eſpere bien qu'en faveur de mon exactitude à payer, il daignera me faire tâter de ſon louable ſavoir-faire?

―――――――

(*a*) Entre ſœurs, on ne ſe gêne pas.

CELESTINE.

Rien de plus assuré, car il m'a dit plus de trois fois, à travers les beaux transports qu'il me témoignait, que tu devais être une excellente jouissance...

MAD. DURUT, *interrompant.*

Je m'en pique...

CELESTINE, *interrompant.*

Mais, que tu lui en imposais.

MAD. DURUT.

Le pauvre garçon! il est bien trop bon d'avoir peur de moi! Qu'il vienne: je lui ferai connaître qu'on m'approvise assez facilement, & que les gens qui parlent *par sept* ont le plus grand droit de tout oser avec leur très humble servante. — Mais poursuivons notre besogne; combien d'abonnemens reste-t-il encore à faire payer?

CELESTINE.

D'abord... celui du Commandeur de Palaigu.

MAD. DURUT.

Qui? ce grand *Jeudi* (a) qu'on dit malade d'un *satyriasis* incurable?

_____

(a) Chez les Aphrodites on nomme *Jeudis* ces Messieurs qui, tout au moins partagés entre *l'œillet* & la *boutonnière* (c'est-à-dire, une fois pour toutes, le *cû* & le *con*) avaient pour jour de solemnité le Jeudi, en l'honneur de Jupiter, le Villette de l'Olim-

CELESTINE.

Et qui depuis un mois à peine qu'il vient céans, a déjà fourbi tous les cus de la maison; il est homme à n'avoir pas épargné même celui de la vieille Pétronille.

MAD. DURUT.

Je réponds du moins du mien. Mais quelle rage! Quant à Célestine : il est clair qu'elle y a passé?

CELESTINE.

Eh, mais sans doute, tout comme un autre. — Un jour il m'en contait. La fantaisie me prend de voir en quoi pouvait consister sa recommandable maladie. Ce caprice me met en connaissance avec un engin d'espece tout-à-fait nouvelle pour moi. Figure-toi la dureté du fer, neuf ou dix pouces de *fût*, mais si peu, si peu de *diametre!* une maniere de cerise, fort étranglée dans son rétif prépuce, couronne ce bel objet...

---

pe, comme tout le monde sait. Les femmes qui avaient la complaisance de se prêter au goût de Messieurs les *Jeudis*, étaient connues sous le nom de *Janettes* (de *Janus*) à cause de leur double maniere de faire des heureux. Les amateurs de ces sortes de femmes se nommaient, en conséquence, *Junicoles*. Les *Andrins*, en très petit nombre, étaient ceux qui, ne faisant cas d'aucun charme féminin, ne fêtaient que des Ganimèdes.

MAD. DURUT.

Je croyais que pour continuer ta description en termes de l'art, tu allais après *fuſt & diamètre* nommer le gland *chapiteau*, & compter les pouces par *modules*. Depuis que nous sommes jusqu'au cou dans l'architecture, on nous excede de ces mots techniques.

CELESTINE.

Laiſſe-moi pourſuivre. — Bref: j'ai dans la main le plus ridicule petit monſtre de *vit* (celui-ci pour le coup eſt technique ?) que la nature ait jamais eu le caprice de produire: je veux pourtant ſavoir s'il y a là de quoi faire paſſer agréablement le tems à une femme : j'eſſaye...

MAD. DURUT.

Eh bien ?

CELESTINE.

Je ſuis complettement attrapée. Peu d'adreſſe; nul aimant; un *limage* ſec, méthodique, dont chaque tems-pouſſé me fait un petit mal. Le cher Commandeur s'apperçoit auſſitôt que le jeu ne me plait guère. D'ailleurs il me paraît un peu *faiſandé* : la menace de ſes baiſers me fait détourner la tête. Il prend donc ſon parti galamment, déconne, & me roulant ſur le lit un demi-tour, vient tout uniment attaquer l'autre poſte. Grace à la manie que j'ai de goûter beaucoup ce genre d'hommage, cela prend ; je fais même à mon homme le plus beau jeu du monde. Là, pour le coup, il est délicieux : on n'encule pas avec plus de prétention, de ménagement & d'accessoires agréables. Depuis ce tems, je distingue fort M. le Commandeur, & me sers même volontiers de lui, quand je suis assez en gaîté pour *faire la chouette*.

MAD. DURUT.

Sacrebleu, ma chere cadette ! Il eût été bien dommage que tu ne fusses pas coquine ! tu me dégotes, où le diable m'emporte, & j'en suis jalouse quelquefois. — Mais nous perdons du tems à babiller. A l'article suivant.

CELESTINE, *d'après le régistre.*

L'abbé Suçonnet est en retard de trois semaines.

MAD. DURUT.

Peste ! ne nous endormons pas. Il faut se dépêcher de le faire payer. — Bientôt ces malheureux *Calotins* n'auront plus que les yeux pour pleurer. Je crains que la dette de celui-ci ne soit fort aventurée.

CELESTINE.

Je réponds de le soutenir dans le monde avec une certaine aisance, s'il veut s'aboucher avec quatre ou cinq femmes de ma connaissance, très amateurs d'un service infiniment doux dont il sait parfaitement s'acquitter. — Ne t'a-t-il jamais *gamahuchée* ?

MAD. DURUT.

Jamais : ces Messieurs ne me voyent guères qu'à la volée à travers le tracas que je me donne pour leurs plaisirs. La plupart du tems on ne songe pas à me proposer la moindre chose.

CELESTINE.

C'est ce qui fait que par fois tu proposes toi-même, n'est-ce pas ?

MAD. DURUT.

Mais, Dame ! quand le loup a faim, il sort du bois.

CELESTINE.

Eh bien, demande à l'abbé Suçonnet un quart d'heure de *glottinade*.

MAD. DURUT.

Qu'est-ce que cela ?

CELESTINE.

C'est le nom qu'il lui a plu de donner à sa manœuvre favorite. M. Suçonnet, qui est un docteur, prétend que rien n'est plus significatif, & qu'il convient absolument d'emprunter du grec le nom d'une volupté dont les Grecs nous ont transmis l'usage.

MAD. DURUT.

Que le mot nouveau soit grec ou parisien, tant y a que la *gamahucherie* (en vieux style) est terriblement bonne. Ces Grecs ont eu bien de l'esprit d'avoir inventé cela !

CELESTINE.

Et sûrement l'abbé les surpasse à le pratiquer. Fais-toi *glottiner* par lui, ma chère Agathe. Tu m'en diras des nouvelles.

MAD. DURUT.

Tope, ma chère Célestine. (*Gaîment, en mettant un peu de papier dans sa tabatière.*) Voilà pour ne pas oublier d'être glottinée par l'abbé Suçonnet. — Après ? (*on reprend le travail.*)

CELESTINE.

Ici viennent quelques articles verreux. — Plusieurs Aristocrates-émigrans avaient écrit pour que leur abonnement continuât : ils en doivent le montant, & ils font notés pour leur part des dépenses casuelles. Sans doute ils se flattaient de n'être pas aussi longtems absents ; mais, n'ayant point assisté, peut-être refuseront-ils d'entrer en compte ?

MAD. DURUT.

Fi donc : quel ignoble soupçon ! Ils payeront, Célestine. C'est de l'or en barre. Oh ! s'il s'agissait de quelque dette d'un autre genre, comme pour habits, voitures, fournitures domestiques, il y aurait peut-être à batailler pour le payement. Mais, quand il est question pour ces Messieurs de demeurer *Aphrodites*, de n'être point rayés avec ignominie de la plus heureuse liste, crois qu'ils y regarderont de plus près. (*a*)

(*a*) Un Statut de la dernière rigueur supprimait les mauvais payeurs. Les délais étaient très-courts.

CELESTINE.

Peut-être.

MAD. DURUT.

Je te dis que leur dette envers l'établissement est sacrée, & qu'ils sont trop bien avisés pour manquer d'y faire honneur.

CELESTINE.

Soit : j'admire en effet comment, tandis que tout le monde a l'air de mourir de faim, nous voyons venir ici nos habitués les poches pleines..

MAD. DURUT.

Tu seras bien plus surprise encore de voir les joueurs quand nous aurons une partie : ils regorgent d'or. Ce n'est pas que les espèces manquent, mais on n'ose en laisser voir, & plus on se refuse, par hypocrisie, pour de vrais besoins, ou pour un luxe extérieur que maintenant il est dangereux d'afficher, plus, en revanche, on est en état de faire des sacrifices pour de secrets plaisirs. — Après.

CELESTINE.

Rien de plus en souffrance quant aux abonnemens. Mais voici quelques non-valeurs d'un autre genre. = „ Prêté, à Mad. de Braiseval, quinze louis. „ — Elle devait les rembourser au bout de huit jours, le mois est près de finir.

MAD. DURUT.

Passons : le lendemain du prêt je me suis fait rendre ces quinze louis par un vieil oncle de Mad. de Braiseval, assez sot pour être amoureux, *gratis*, de sa bannale niece. Si le pauvre diable savait à quel usage elle avait employé cet argent, il se repentirait bien, ma foi, d'en avoir fait le sacrifice. C'était pour récompenser le solide service d'un sauteur de chez Nicolet qu'elle venait de *distinguer*; mais non pas comme Mlle Célestine distingue M. le Commandeur.

CELESTINE.

Si l'on jette des pierres dans mon jardin, gare la revanche. — Au fait : — Quand Mad. de Braiseval parlera de payer, il faudra lui donner quittance ?

MAD. DURUT.

Etourdie ! que dis-tu ! — Il faudra recevoir. (*a*)

CELESTINE.

Et si l'oncle a par hasard avec elle un éclaircissement ?

MAD. DURUT.

Il l'aura probablement. Où sont les hommes assez généreux pour obliger *incognito*. Mais, pour lors, tu n'auras *pas sçu*... *j'aurai négligé d'enrégistrer cette recette, & ne t'aurai prévenue de rien*. Tu me renverras la Dame, que je menacerai, auprès de son mari, de quelques confidences de ma part qui n'iraient

---

(*a*) Elle est un peu friponne, cette Mad. Durut.

à rien moins qu'à la faire coffrer pour le reste de sa vie.. (*avec un air de mystère.*) N'ai-je pas fourni à cette Messaline jusqu'à trois *Cent-Suisses* en un jour ! Elle ne *défout* pas.

CELESTINE, *soupirant.*

Grand bien lui fasse. — „ Avancé à la Vicomtesse de Chatouilly neuf cents soixante livres en différens articles. „

MAD. DURUT.

Cela sera bien payé. — En attendant cet argent n'est pas sorti de la maison. Il s'est répandu en petits salaires sur toute la marmaille mâle & femelle que je puis enrôler. Mad. la Vicomtesse a le talent d'occuper ici cette espèce pendant des matinées entières à se faire dorlotter, maniotter, tripotter, baisotter, suçotter, branlotter, à six francs par heure pour chaque individu.

CELESTINE.

Voilà par exemple une bisarre fantaisie !

MAD. DURUT.

D'autant plus bisarre que si, par malheur, quelqu'un de ces petits êtres avait l'ombre d'un poil follet où tu sais, la Dame, furieuse, le mettrait brutalement à la porte, & me laverait la tête d'importance. Mais est-on bien ras, bien scrupuleusement imberbe ? ce sont, de sa part, des transports ! un délire ! — Après cela, c'est son tour de fêter tous ces petits engins, toutes ces petites moniches.... c'est à mourir de rire, en vérité.

CELESTINE.

Et c'est là tout ce qu'elle fait?

MAD. DURUT.

Le plus souvent il faut bien qu'elle s'y borne : quelquefois pourtant, un marmot précoce se trouve, à douze ou treize ans, déjà bon à quelque chose...

CELESTINE.

Je le crois parbleu bien. A neuf ans le petit cousin Georges bandait à merveille, & moi, qui n'en avais que huit, je m'amusais fort bien de sa petite broquette, que je ne suis pas même trop sûre de ne m'être pas mise une ou deux fois. Nous faisions du moins de bon courage tout ce qu'il fallait pour cela. — Mais, la Vicomtesse? elle se donne le marmot.

MAD. DURUT.

Elle en fait ce qu'elle peut. Cela ne fait que la mettre en train. Alors elle congédie la marionnette & fait entrer le premier-venu de ses gens, (qui sont tous des colosses) ou ce que je puis lui fournir ici de nouveau dans le même genre. Pour lors un braquemart du plus fort calibre la *finit* & la venge cinq à six fois de l'insuffisante *pinette* qui vient de l'émoustiller.

CELESTINE.

Cela n'est pas si sot au moins. — A ce grand genre, je parierais que cette femme est du plus haut vol?

MAD. DURUT.

Ah, je t'en réponds.

CELESTINE.

Cela parle de foi-même. Qu'une petite bourgeoife fe détraque, je la vois fe permettre tout platement de faire cocu fon imbécille d'époux avec un, deux ou fix voifins de fa forte, à travers des peurs & des périls inexprimables, & puis c'eft toujours à recommencer. Mais vive la Qualité. C'eft dans cet ordre que les belles imaginations déployent toutes leurs reffources. Que j'aime ces ambitieux tempéramens qui favent tout accaparer, tout s'approprier; qui font contribuer à fervir leur infatiable defir, tous les âges, toutes les conditions! Que j'aime ces femmes brûlantes qui....

MAD. DURUT, *lui riant au nez.*

Que le diable t'emporte avec ta bouffée d'éloquence. Veux-tu te donner ici les airs d'une motionnaire du Palais-royal; ou te crois-tu à la tribune d'un bordel ? — Allons, Mademoifelle; à nos comptes, & tâchons d'en finir. Car il eft onze heures, & ton eftomac doit t'avertir, comme le mien, que nous n'avons pas déjeûné. =

= Elles reprennent leurs calculs fans plus s'occuper d'autre chofe. Cette tâche achevée, Mad. Durut fonne pour avoir du caffé. —

On la fait longtems attendre. — Comme cette lenteur est quelque chose d'extraordinaire dans une maison où elle a établi la plus ponctuelle exactitude à servir, elle s'impatiente, se leve brusquement & va s'éclaircir des causes de ce retard.

MADAME DURUT, CELESTINE, ZOÉ (a), LOULOU. (*Même lieu.*)

On entend d'abord Mad. Durut tempêter, voici les premières paroles qu'on distingue.

MAD. DURUT, *encore dehors.*
Ah! je vous apprendrai, sacrée graine de couilles, à foutrailler ainsi dans ma maison, au lieu de faire votre service. — (*Elle entre,*

(a) ZOÉ, la Négrillonne dont il est parlé au premier Numéro. Le plus piquant museau qu'ayent jamais fourni les moules camus de la *Côte-d'Or.* — Noir d'ébène, œil phosphorique, dents admirables : taille non formée encore, mais svelte & pleine de grace. — De la sensibilité, des desirs & de l'espiéglerie. Zoé, déjà depuis six ans en France, & bien élevée, n'a plus le jargon de ses semblables. — On connait Loulou, *amenant avec violence Loulou débraillé, & Zoé décolettée. Elle les rudoie & les secoue, furieuse.*

CELESTINE, à Mad. Durut.

Te voilà terriblement en colère! il s'eſt donc paſſé quelque choſe de bien grave par là-bas?

MAD. DURUT.

Je t'en fais juge. — Tandis que nous croquions ici le marmot à attendre notre déjeûné, ce petit ſcélérat qui devait l'apporter, ne s'amuſait-il pas à exploiter Mademoiſelle ſur le coin de la table à manger. Pendant ce tems, le caffé poſé ſur le marbre du buffet réfroidiſſait à ſon aiſe. — Comment donc! Si je n'étais pas ſurvenue, ils en avaient encore pour je ne ſais combien de tems : à peine ma préſence a-t-elle pu leur faire lâcher priſe.

CELESTINE.

Je le conçois : quand on y eſt, il y fait ſi bon! — Il faut convenir pourtant que l'endroit & ſurtout le moment étaient mal choiſis. Voilà ce que je vois de plus criminel dans leur affaire.

MAD. DURUT, *courroucée.*

Tu te fiches de moi, je penſe! j'y vois bien d'autres crimes ma foi, & les impudens vont être corrigés en conſéquence.

LOULOU, *à part, plus en colère qu'affligé.*

Nous verrons ça. —

Ce

== Ce n'est pas sans quelque peine qu'il vient à bout de renfermer dans un étroit pantalon son petit engin encore tout en train de bien faire. — Zoé demeurerait la gorge découverte, si Célestine n'avait la curieuse complaisance de lui rajuster son fichu, après avoir, chemin faisant, un peu visité les séditieux monceaux qui décorent cette poitrine satinée. ==

MAD. DURUT, *à Zoé.*
De quel droit, petite effrontée, au lieu de vous tenir là bas où vous attache votre devoir, avez-vous osé venir de ce côté, où il vous est absolument défendu de paraître quand on n'a pas sonné pour vous? — Parleras-tu, coquine? — (*Elle lui donne un soufflet.*)

ZOÉ, *sanglottant.*
Mon Dieu, maîtresse! Loulou m'avait appellée, j'ai cru que c'était de votre part.

MAD. DURUT, *à Loulou.*
Ah! c'est donc toi, petit fripon, qui...

LOULOU, *coupant.*
Eh bien oui, c'est moi. Quoi! ne semble-t-il pas que votre pavillon soit une église! Encore, entre-t-on bien à l'église sans tant de complimens.

MAD. DURUT.

Attends-moi, petit malheureux, je vais t'apprendre à parler. — (*Elle lève le bras comme pour le frapper, mais elle n'en a pas le courage, & certain regard, qui demande presqu'excuse, est bien peu d'accord avec le geste menaçant.*) — Pourquoi avoir appellé cette petite gueuse ?

LOULOU, *avec humeur.*

Vous l'avez bien vu peut-être. Dame ! si j'nous sommes joints, c'est qu'apparemment ça nous faisait plaisir, & que j'avions nos raisons.

MAD. DURUT, *redoublant de fureur.*

Vos raisons ! vos raisons ! ah, petit coupe-jarrêt, tu fais le mutin, je pense ! tu vas voir. (*Elle fait semblant de chercher un bâton, mais n'a garde de paraître remarquer ce qui serait sous sa main de propre à exécuter son projet de vengeance.*)

LOULOU, *avec arrogance.*

N'y venez pas au moins. Il n'y a *ce que vous savez bien* (a) qui tienne. Sans tant de barguignage, si vous n'êtes pas contente, mettez-nous tous deux à la porte. J'nous passerons bien de vous.

(a) Allusion peu respectueuse à certaines particularités qui avoient lieu par fois entr'eux.

MAD. DURUT, *avec embarras.*

Mais voyez un peu ce petit maroufle! (*se tournant contre Zoé.*) C'est pourtant cette gaupe-là qui cause ici tout ce désordre. — (*Elle lui court sus pour la frapper : Célestine se met devant & la sauve.*)

LOULOU, *en fureur.*

Jarnidié, Madame, ne vous avisez pas de frapper. Les maîtres n'ont plus droit de ça, je vous le soutiens (*il jette son chapeau avec colère.*) Il faut que tout ce chien de train-là finisse. J'aime Mademoiselle. Je m'en pique & je vous le dis. Là ! — Elle me fait l'honneur de m'aimer aussi, & *fichtre* vous le savez bien, puisque vous avez vu ça...

CELESTINE, *avec modération.*

Finis, petit morveux, tu manques à ta maîtresse.

LOULOU.

Qu'est-ce que ça me fait! J'ne voulons plus de son fichu service. Eh bien! n'est-on pas libre donc! J'sortons & j'allons nous marier.

ZOÉ, *à Mad. Durut, d'un ton doux.*

Oh mon Dieu oui, maîtresse. C'est pour cela...

MAD. DURUT, *plus furieuse.*

Et toi aussi, vipère! c'est à qui sera le plus insolent! Je vais, je vais faire entrer le fourd (*a*), & leur en faire donner... — (*Elle veut tirer le cordon d'une sonnette; mais Célestine l'en empêche....*)

LOULOU.

Qu'il s'y frotte. — (*Il tire de sa poche, en menaçant, un petit couteau de six sous à prix fixe. — Mad. Durut a des convulsions de rage.*)

CÉLESTINE, *à Mad. Durut.*

Un moment: ne t'emporte pas, & ne fais rien dans la colere. (*Elle ouvre la porte d'un cabinet.*) — Paffez là dedans, vauriens que vous êtes, on vous parlera tout-à-l'heure. — (*Elle leur fait à part une mine d'amitié qui les décide à lui obéir. — Elle les enferme.*)

MAD. DURUT.

Mais tu n'y penses pas! tu les mets enfemble! ils vont encore...

CÉLESTINE, *avec humeur.*

Il s'agit bien, ma foi, d'avoir ce souci! Appaife-toi, & m'écoute. — (*Elle baiffe un peu la voix.*) Imagines-tu donc qu'une fille née dans un climat brûlant & qui, depuis deux ans, ne cesse d'éponger, manier, careffer tous les engins qui viennent s'ébattre céans, va

―――――

(*a*) Le portier fourd était l'inexorable exécuteur de toutes les feffées que Mad. Durut se croyait en droit de faire appliquer à sa marmaille domeftique.

demeurer insensible comme un terme, & n'aura jamais envie de se le faire mettre?

MAD. DURUT.

Fichu raisonnement! — Ne dirait-on pas que la coquine chome! Se passe-t-il une semaine sans qu'elle soit plus ou moins enfilée?

CELESTINE.

Oui; par des capricieux qui, le plus souvent, ne lui plaisent guères, ou qui lui en imposent, ou qui étant d'un âge trop disproportionné, ne lui donnent pas l'ombre du plaisir. Mais avec un Loulou joli, frais, son égal, & qu'elle peut dominer, c'est autre chose. Cette fortune est délicieuse pour elle. — Ce n'est pas tout d'avoir l'autorité, ma sœur, il faut être juste.

MAD. DURUT.

Tout cela est bel & bon. — Mais est-il juste aussi que cette petite saloppe ait appris à ce polisson une chose... sur laquelle je voulais qu'il demeurât quelque tems encore tout-à-fait ignorant...

CELESTINE, *interrompant.*

Parce que tu te réservais de la lui apprendre toi-même. Crois-moi, dans ce genre, c'est duperie d'instruire à demi. Dès qu'un écolier, une fois, a connaissance du *con*, le diable a bientôt fait de lui révéler tout ce qu'on en peut faire. Il fallait tout d'un tems passer maître ton blanc-bec, & si Zoé te l'à soufflé, tu n'as, en vérité, que ce que tu mérites. —— Mais, laisse-moi là ce petit balourd. Il n'y a pas un de ses camarades qui ne le vaille, ou mieux; pour ce que tu faisais de lui. Léger, Lavigne branlent & gamahuchent comme des Anges : tu peux t'en rapporter à moi. —— Je veux que tu renvoyes Loulou, dont la Duchesse se plaignait encore l'autre jour, & qui me parait avoir un mauvais caractere... Mais, où vas-tu donc ? —— (*Pendant toute cette tirade Mad. Durut a paru distraite & rêveuse. Elle vient de se mettre à genoux pour regarder par le trou de la serrure du cabinet où sont renfermés les coupables. Elle les surprend recommençant à commettre la faute pour laquelle ils sont punis.*)

MAD. DURUT, *avec bruit.*

Tiens, tiens, Célestine, ne l'avais-je pas bien dit ! ils n'en font pas à deux fois... il se laisse faire ! c'est elle qui le *fout* ! la chienne !

CELESTINE, *déplaçant sa sœur.*

Il faut voir cela... (*Elle regarde.*) —— Ma foi, ce sont de bons enfans. Ils nous entendent fort bien, & n'en vont pas moins leur petit train. Voilà de la vocation. (*Elle se leve.*) A leur place j'en aurais fait autant. Rien ne console comme un petit coup à la dérobée...

MAD. DURUT,

(*Qui a pris la place à l'instant où Célestine l'a quittée.*) — C'est pour me braver. Non, non, je ne souffrirai pas.

CELESTINE, *la prenant par le bras.*

Leve-toi!... arrache-toi, te dis-je, de cette maudite serrure... (*Elle chante.*) *Ne dérangeons pas le monde; laissons chacun comme il est...*

MAD. DURUT, *ne se dérange point encore.*

— *Après une petite pause.* — Oui, oui, déchargez, chiens maudits, vous allez maintenant trouver à qui parler. La clef, Célestine? (*Elle tremble de fureur.*)

CELESTINE, *donnant la clef.*

La voilà; mais je gage qu'ils se feront mis sous la sauve-garde des verroux & ils auront fait à merveille.

— En effet la clef tournée, la porte ne s'ouvre point. En vain Mad. Durut s'agite avec violence, s'estropie à force de frapper des pieds & des poings, l'heureux couple demeure tranquille. — Pour lors Durut, partant comme un trait, va chercher assistance, mais avant son retour, Célestine secrete protectrice de tout intérêt libertin, a fait évader les bons enfans, leur conseillant d'aller se cacher séparément jusqu'à ce que cette importante affaire se soit un peu civilisée. A peine font-ils en sûreté que Mad. Durut rentre, suivie d'un aide-jardinier muni d'une hache.

MAD. DURUT, *de loin encore & toujours en fureur.*

Qu'on me jette cette porte en dedans, tout de suite.

CELESTINE, *gaîment.*

Ce n'est pas la peine. Les moineaux ont déniché. — (*Au jardinier*) Gervais ? retirez-vous. — (*Il obéit.*) — Que de bruit, ma fœur ! De la vilaine jalousie à l'occasion d'un morveux de domestique ! tu perds l'esprit.

MAD. DURUT.

Que sont-ils devenus ?

CELESTINE.

Qu'importe !

MAD. DURUT.

Ils n'échapperont pas à ma vengeance.

CELESTINE.

A bon compte, ils n'en ont pas eu le démenti. Sous ton nez ils ont fait leur affaire.. Il n'y avait qu'à rire de toutes ces espiègleries. — Voilà pourtant une insurrection du plus dangereux exemple pour cet ordre de serviteurs, & qui rend indispensable de chasser Monsieur Loulou ; oui chasser sans pitié pour ton fichu caprice ; j'entends que tu ne gardes le petit drôle sous aucun prétexte.

MAD. DURUT, *un peu à contrecœur.*

Soit. Il fera bien de ne pas se montrer devant moi, je lui arracherais les yeux.

CELESTINE.

Non: tu le caresserais. — Quant à Zoé...

MAD. DURUT, *avec feu.*

Chassée, sans miséricorde.

CELESTINE.

Cela te plait à dire. — Il faut songer qu'elle nous tient lieu de cent cinquante louis dont cet escogriffe de Créole nous faisait banqueroute sans l'accommodement qui te fit agréer cette petite créature. — Si elle veut nous rembourser (& peut-être le pourrait-elle) à la bonne heure: sinon, elle restera. Tu sais qu'elle nous est fort nécessaire; & comment la remplacer?

MAD. DURUT.

Oh! gâtes-la donc tant que tu voudras. — Je te jure, moi, qu'à sa première fredaine, puisqu'elle a tant de goût pour se faire mâtiner, je lui fais passer impitoyablement sur le corps une vingtaine de *Forts de la Halle*, & qu'elle en aura jusqu'à ce qu'elle creve sur la place.

CELESTINE.

Si j'étais condamnée à mourir, je ne voudrais pas d'un autre supplice. — Mais remettons le jugement de ce grand procès à un moment plus calme, & d'abord déjeûnons...

(*Elle sonne.*) Je ne perds pas la tête, moi, pour qui Mons Loulou n'eſt de rien : — Reſpirons, & nous ſongerons enſuite à mille petits ſoins qu'exige la négociation ſingulière pour laquelle on doit ſe rendre céans à cinq heures préciſes.

OU EN SOMMES-NOUS.

SECOND FRAGMENT.

= La converſation qu'on va lire, ſe paſſe dans le logement de Mad. Durut, où l'uſage eſt d'introduire d'emblée toutes les perſonnes connues qui ont à lui parler.

(a) LA MARQUISE, MADAME DURUT.

LA MARQUISE, *gaîment.*
Me voici.

MAD. DURUT.
Soyez la bien-venue, Mad. la Marquiſe : vous arrivez la première, mais la perſonne

---

(a) LA MARQUISE DE FIÈREMOTTE : 21 ans : Brune, grande, ſvelte. Taille de Minerve, traits gracieux & fins, aux yeux près qui ſont longs, à fleur de tête & décorés de prunelles brûlantes, ſi grandes, qu'on n'en voit jamais que les deux tiers dans les momens de la plus pétulante vivacité. Le nez fin, bien deſſiné, n'eſt ni aquilin, ni en l'air ; un méplat piquant le termine. Certain duvet noirâtre à la lèvre que vous attendez sera probablement bientôt ici.

LA MARQUISE.

Je n'aime pas cette négligence; elle ne présage rien de bon.

MAD. DURUT.

Permettez ; vos ordres étaient pour cinq heures ; (*Elle regarde à sa montre*) il n'est que quatre heures vingt-six minutes.

LA MARQUISE.

Avais-je dit cinq heures ! j'aurais donc pu rester quelques momens avec ce pauvre Vicomte, que j'ai impitoyablement jetté à la porte de sa petite maison de la barrière, sans me laisser fléchir par les instances qu'il me faisait de m'y reposer. Je le connais : il m'aurait amusée ; j'ai craint d'arriver trop tard à mon rendez-vous. Quand il s'agit d'affaires...

MAD. DURUT.

Sans doute : & d'aussi importantes encore

---

supérieure donne à cette physionomie un air de *guerre amoureuse* qui n'est point menteur. Jolis pieds, jolies mains : beaucoup de cheveux, peu de gorge, & tout juste le dégré d'embonpoint qui précéde la maigreur. — La marquise est d'ailleurs petite maîtresse sans le savoir. Exigeante, mais bonne, très-fière avec les gens qu'elle ne connait pas ; excessivement familiere, quand elle a fait connaissance & qu'on a le bonheur de lui plaire.

que celle qui vous conduit ici, je conçois que l'on doit se piquer d'exactitude.

LA MARQUISE.

Voilà pourtant une demi-heure que je vais regretter.

MAD. DURUT.

Vous savez, Madame la Marquise, qu'ici on ne manque pas de moyens de tuer le tems. — Madame voudrait-elle... un livre?

LA MARQUISE.

Je ne lis jamais.

MAD. DURUT.

Madame ferait peut-être plus volontiers un tour de jardin.

LA MARQUISE.

Il fait trop de vent.

MAD. DURUT.

Je puis procurer à Madame, un peu de société.

LA MARQUISE, *avec indifférence.*

Comme quoi?

MAD. DURUT.

J'ai là haut un Baron allemand... Il n'est éveillé que depuis une heure. C'est dommage qu'il ne soit pas encore ivre, autrement...

LA MARQUISE.

Quel amphigouri faites-vous là?

MAD. DURUT.

Je dis des choses fort raisonnables.

LA MARQUISE.

Vous me proposez un Allemand ? un ivrogne ?

MAD. DURUT.

A la bonne heure. Mais vous allez un peu vîte, & vous ne m'avez pas laissé le tems de vous expliquer que mon Baron n'est pas un homme ordinaire. — D'abord, il est porteur d'un *goupillon* de huit à neuf pouces...

LA MARQUISE, *avec dédain*.

Je ne vois que cela.

MAD. DURUT.

Que le ciel vous conserve la vue, Madame.

LA MARQUISE.

Après ?

MAD. DURUT.

Et puis, lorsqu'il s'y met, il n'est pas chiche d'eau bénite, & ce n'est, ventre bleu, pas de l'*eau bénite de cour*.

LA MARQUISE.

C'est quelque chose. — La figure ?

MAD. DURUT.

D'un gros réjoui.

LA MARQUISE.

L'âge?

MAD. DURUT.

Vingt-quatre ans tout au plus.

LA MARQUISE.

La couleur ?

MAD. DURUT.

Il est blond.

LA MARQUISE.

Fade ?

MAD. DURUT.

Au contraire. Une nuance de plus il serait relevé.

LA MARQUISE.

Cela parle-t-il ?

MAD. DURUT.

Allemand, oui : & il commence à jurer passablement en français.

LA MARQUISE, *ironiquement.*

Comment donc ! vous me parlez là d'un petit seigneur bien aimable ?

MAD. DURUT, *avec finesse.*

Il faut le voir quand il est *monté* ?

LA MARQUISE.

Vous êtes folle, ma chère Durut. — Que voudriez-vous que je fisse d'un ivrogne, moi qui les déteste ?

MAD. DURUT.

Oh mais : celui-ci ne boit pas par défaut, c'est par régime, par nécessité...

LA MARQUISE.

La soif est donc chez cet homme une maladie ?

MAD. DURUT.

Non pas, mais au contraire un principe de santé. Il faut que M. de Widebrock ait bu pour qu'il se souvienne qu'il est au monde... Autrement, on le croirait en léthargie. Vers la troisieme bouteille, son ame, qui s'est cachée, on ne sait où, pendant les heures d'inaction, recommence à vivifier la matérielle enveloppe. Alors les bras, les jambes, les yeux & le reste, tout cela commence à se mouvoir, & peut aller par dégrés un train de diable, à mesure que les flacons sont mis à sec. Il a soupé tête-à-tête hier avec une Chanoinesse de Maubeuge, qui ne sable aussi pas mal. Elle a confessé ce matin sept crises : & je sais qu'elle ne compte ordinairement que de la troisime opération, qui est la première qui lui fait plaisir; car elle est aussi, comme le Baron, dans un autre genre, un peu difficile à émouvoir. Ils ont bu quatorze bouteilles...

LA MARQUISE.

Voilà bien de l'étalage pour sept misérables services. J'ai cela en deux heures toutes les fois que je veux bien veiller avec Foutenville, qui ne soupe qu'avec une compote & deux verres d'eau! Cependant je voudrais peut-être voir ce Baron, comme une curiosité. Mais, du secret ? on me honnirait parmi mon monde, si l'on savait que pareil caprice pût m'être passé par l'esprit... On se gâte au moins en fréquentant cet hospice.

MAD. DURUT.

J'avais cependant ouï dire qu'avant que nous n'eussions l'honneur de coucher Mad. la Marquise

Marquise sur notre régistre, elle avait bien voulu s'humaniser par fois avec ses laquais?

LA MARQUISE, *sans humeur.*

Eh bien : qu'est-ce que cela prouve ! vous aviseriez-vous de mettre en parallèle nos gens, élégans, jolis garçons, stilés la plupart du tems par nous-mêmes, avec des *étrangers*, des *automates* ? c'est le mot.

MAD. DURUT.

J'avoue n'avoir pas d'abord saisi cet objet par le beau côté.

LA MARQUISE.

La main à la conscience, ma chere Durut : avouez que, même en France, il n'y a, pour le boudoir, que le militaire & la haute-livrée ? Tout le reste est à faire pitié... Quelquefois encore les *talens* se font distinguer. Mais tous ces illustres sont si capricieux, si gâtés, & d'ailleurs si peu propres à la chose ! Le chanteur *craint d'affaiblir sa poitrine* : le danseur *ménage ses jambes* & craint de ne pouvoir s'enlever. Un Bel-esprit ! ne m'en parlez pas. Dans les bras d'une femme, il *chantourne un hémistiche*; & si quelque rime longtems implorée lui survient, il quitte son travail pour courir la mettre en écrit... mais laissons cette discussion, & parlons enfin de l'objet pour lequel je suis ici. — L'homme que tu m'as choisi, remplira, comme tu me l'as mandé, toutes mes vues ?

2. C

MAD. DURUT.

Je crois pouvoir en répondre.

LA MARQUISE.

Il est bien fait ? ni trop, ni trop peu remarquable ?

MAD. DURUT.

Absolument tel que je vous l'ai dépeint.

LA MARQUISE.

On pourra le montrer partout ?

MAD. DURUT.

C'est un homme très comme il faut ! il a servi quelque tems : mais pauvre & sentant qu'il ne sortirait jamais des grades subalternes, il quitta. Au surplus, il est bon gentilhomme...

LA MARQUISE.

C'est son affaire. Les preuves que je lui demanderai ne sont assurément pas de la compétence de Chérin. D'ailleurs, où je veux le mener, il se trouve, en maniere de gentilshommes, des gens... au niveau desquels il n'est pas difficile de se mettre... Ah ! quel mélange j'ai vu tout par-là, dans mon premier voyage ! quelle dose de foi ne me fallait-il pas avoir pour attacher l'idée de *Chevaliers français* à des Matamores enmoustachés, costumés à la diable, & se donnant comme exprès, une tournure de mangeurs de petits enfans ! J'avoue que j'ai vu par contre la plus agréable jeunesse & des individus qui feraient délicieux ailleurs. Mais, dans ces foyers, où, du matin au soir, on les travaille dans *le sens de leur destination*, les plus aimables ont, sur l'article des femmes, un air de désintéressement... qui m'a réduite, en un mot, à revenir exprès à Paris chercher un être à ma fantaisie, & que je puisse à mon tour travailler selon mes projets. — Je ne veux pas d'un compagnon de voyage efféminé, suspect d'aucun genre de mollesse...

MAD. DURUT.

Celui que vous verrez, est brave comme son épée. Quoi qu'il ait un grand air de douceur, il n'en a pas moins couché déjà sur le carreau deux *Fendants*, dont l'un était le meilleur écolier de mon cousin. (*a*)

LA MARQUISE.

Ce n'est pas non plus un tapageur qu'il me faut.

MAD. DURUT.

Vous serez contente, vous dit-on.

LA MARQUISE.

Tu l'as prévenu que, s'il était agréé, rien ne lui manquerait?

MAD. DURUT.

Ce n'est pas ce qui a paru l'intéresser le

(*a*) Ce cousin est apparemment quelque fameux maître d'escrime que nous n'avons pas l'honneur de connaître.

plus. Il a beaucoup demandé si vous étiez aimable ? Je vous ai définie sans vous flatter ; il a paru transporté de plaisir. Comme j'ai scrupuleusement évité de parler de vos agrémens, il doit supposer que vous en êtes peu pourvue. Il a eu la délicatesse de ne pas marquer, à cet égard, la moindre curiosité.

LA MARQUISE, *avec demi-soupir.*

Voyons : tu aurais eu la main bien heureuse ! du tems qui court, les hommes délicats sont des phœnix : puisses-tu ne t'être point abusée... (*elle bâille.*) Bon Dieu ! que cette demi-heure est longue !

MAD. DURUT.

Il y a tout juste six minutes que vous l'endurez.

LA MARQUISE.

Pourrait-on avoir un de ces petits amuseurs ?

MAD. DURUT.

A votre service. — Il y a une place vacante : si Mad. la Marquise protégeait quelqu'un ?

LA MARQUISE, *froidement.*

Non : mon Médor est trop mûr. La barbe lui pousse, & il trousse déjà toutes les filles du quartier. Je vais le réléguer à l'écurie.

MAD. DURUT.

Je voudrais une place de ce genre pour mon Loulou que je réforme... (*elle s'attendrit*) & ce n'est pas sans bien du regret.

LA MARQUISE.

Vous êtes folle, Durut. Tout le monde se plaignait de ce petit malotru. L'Enginiere m'en parlait encore il y a deux jours. Qu'a-t-il donc fait pour perdre votre extrême faveur, qui seule le soutenait envers & contre tous?

MAD. DURUT.

Il s'est permis une rebellion abominable. C'est, j'en jurerais, un fichu Jacobin (*a*) déguisé qui *le voit* ici deux ou trois fois par semaine, & qui l'aura dégoûté de mon service pour l'attirer chez lui.

LA MARQUISE, *avec effroi*.

Vous venez de me glacer! prenez-y garde au moins, ma chere Durut: ici des Jacobins! Si la peste se déclare une fois dans cet asyle du plaisir, personne n'y mettra plus le pied. Vous êtes ruinée, & nous tous au désespoir.

MAD. DURUT, *sonnant*.

J'y regarderai de près, je vous jure. (*On frappe deux petits coups en dehors pour marquer qu'on est à portée de recevoir le commandement. Mad. la Marquise veut-elle Léger? la Vigne? Criquet?*

(*a*) Non pas un Dominicain, mais un de ces *Jacques-Clément* (fort inclémens) *du manège.*

LA MARQUISE.

Le petit brunet de l'autre jour, il a tout plein d'intelligence....

MAD. DURUT.

Je le crois : c'est Célestine elle-même qui l'a dressé. — (*plus haut*) Belamour ? (*On frappe trois petits coups pour marquer que l'on a entendu, & que la commission va être faite.*)

LA MARQUISE.

Le met-il ?

MAD. DURUT.

Si l'on voulait. Mais cela n'irait nullement à Mad. la Marquise.

LA MARQUISE.

C'était pour savoir seulement ; car je ne donne pas dans les marmots. (*On siffle pour annoncer quelqu'un d'attendu.*)

MAD. DURUT,

Voici pour le coup votre homme... (*En même tems Belamour paraît.*) — (*à Belamour*) Conduisez Madame au N°. 8. & servez (a)

══ La Marquise passe fort gaîment avec Belamour à l'endroit qui lui est destiné. — Mad. Durut ferme après eux & se dispose à recevoir la personne que le sifflet vient d'an-

───────────────

(a) C'est le *mot d'étiquette*, afin que le petit serviteur se prête à tout ce qu'on pourra lui prescrire.

noncer. — C'est en effet le Cavalier attendu pour l'objet de Madame de Fièremotte. — Celle-ci, tandis que Mad. Durut va préparer encore mieux le nouveau-venu, se fait rendre par Belamour un petit service fort agréable, dont elle attend l'effet en lisant un des plus chauds passages de la *Matinée libertine* qui se trouve avec d'autres brochures du même genre sur une chiffonnière, conformément à l'usage établi dans cet hospice de prévenir en tout genre les desirs des habitués.

―――――

(a) LIMECŒUR, MADAME DURUT.

MAD. DURUT.

Vous arrivez à propos, Monsieur de Limecœur. La belle Dame est ici depuis quelque tems : elle commençait à perdre patience.

LIMECŒUR.

Je crois cependant n'être pas en retard... (*La pendule sonne cinq heures.*) Voilà ma

―――――

(a) LIMECŒUR, belle figure dans le genre robuste & prononcé. Traits mâles sans dureté ; physionomie grave sans tristesse, adoucie par le caractère *sensible* des yeux & *spirituel* du sourire. Jambe musculeuse, mais déliée du bas. Poitrine élevée. En tout une tournure plus voisine de celle des gens de la Cour que de celle des piliers de garnison. — 25 ans.

justification. Au surplus, ma chère Madame Durut, comme je ne viens que pour me dédire...

MAD. DURUT, *étonnée.*

Comment ?

LIMECŒUR.

J'ai réfléchi sérieusement sur le parti que j'étais sur le point de prendre avec trop de légéreté. J'ai senti qu'un homme de mon état, ayant mes sentimens, s'exposerait beaucoup...

MAD. DURUT, *avec embarras.*

Parlez bas, je vous prie... (*Elle va examiner si personne n'est à portée d'entendre.*) Où avez-vous dîné ?... Etes-vous ivre ?

LIMECŒUR.

Laissez-moi vous déduire mes raisons. Quel rôle, s'il vous plait, jouerais-je là bas, jetté parmi l'essaim de nos héros, que je verrais ne respirer que pour le salut de l'Etat & du Roi, tandis que j'y ferais honteusement, moi, le greluchon d'une femme ? Non, ma chere Durut, la chaine du plaisir, le bonheur de sortir du labyrinthe des embarras par la plus agréable porte ne me tentent point assez pour me faire oublier ma naissance, un état que je regrette; en un mot, ce que je dois à ma famille, au public, à moi-même...

MAD. DURUT.

Vous êtes fou, mon cher Monsieur : mais ce qu'il y a de malheureux, c'est que vous l'êtes froidement & d'une maniere bien mauffade. Il faudrait toute une harangue pour réfuter les mille & une bêtifes que, ne vous en déplaife, vous venez de diftiller dans votre court expofé. Au furplus, j'ofe efpérer de votre honnêteté que vous vous prêterez du moins à ce qui convient pour que je n'effuye point, à votre occafion, une fcene fort défagréable.

LIMECŒUR.

Vous pouvez tout exiger.

MAD. DURUT.

Il ne s'agit que de garder *in petto*, jufqu'à nouvel ordre, vos étranges fcrupules, & de vous comporter aujourd'hui, comme fi tout de bon vous aviez envie de nous tenir parole.

LIMECŒUR.

Quel bien en réfultera-t-il ?

MAD. DURUT.

D'abord, que je ne ferai point compromife. Enfuite, que peut-être tout naturellement la Dame en queftion vous ouvrira quelque porte par où vous pourrez décemment échapper. Car enfin, vous n'êtes encore ni vifité, ni effayé. Toutes les apparences font en votre faveur, je l'avoue, mais nous avons fous la main tant de gens qui conviennent admirablement pour notre objet !...

LIMECŒUR.

Il y aurait moyen, ce me semble, de donner à l'arrangement projetté, des formes moins humiliantes pour un homme de mon état...

MAD. DURUT.

Oh! nous baifons bien les mains à votre *état*, mais, c'eſt de quoi nous nous *foutons* (a), entre nous...

LIMECŒUR.

Ne ſerait-il pas bien plus naturel, (au lieu de ces tournures qui aſſimilent un galant-homme à un cheval marchandé à la foire) que cette Dame m'accordât une heure de franc tête-à-tête? Si nous nous convenions bien fort... alors...

MAD. DURUT,

(*Portant avec tranquillité les mains à la culotte de Limecœur & le déshabillant.*) — Je vais d'abord juger d'une partie des convenances. (*Elle met à l'air un Boutejoye roide & d'une louable dimenſion.*) — Ceci, premierement, ne fera pas nullité.

LIMECŒUR.

Heureuſement on ne me prend jamais *ſans verd!*

―――――――――――

(a) Nous fommes convenus une fois pour toutes avec le Lecteur que Mad. Durut a fon *franc parler*.

MAD. DURUT,

(*Sans mot dire, examine en connaisseuse tous les détails principaux & accessoires.*) Et combien.... mais de la bonne foi? combien cela peut-il, l'un dans l'autre, fournir dans le courant du mois?...

LIMECŒUR.

Je ne me suis point occupé de cette expérience. Mais je puis, sans gasconade, garantir pour un certain tems, deux ou trois services par jour.

MAD. DURUT, *ironiquement.*

Deux ou trois! sans craindre la pleurésie; vous êtes économe à ce que je vois! — Je ne vous demande pas si vous vous entendez à tout l'accessoire? Il serait d'autant plus nécessaire que vous ne vous obligez pas à des merveilles, quant au capital.

LIMECŒUR.

Franchement, ma chere Durut, cette conversation ajoute beaucoup à mes répugnances. Forgez quelqu'excuse polie qui me fasse pardonner ma retraite. (*Il plie boutique.*) Je pars.

MAD. DURUT.

Et vous ferez une sottise insigne. Cependant, demeurez un moment : je vais essayer, (sans savoir encore comment m'y prendre) de rompre la partie quant à l'émigration. Peut-être accrocherai-je pour vous la faveur d'une séance; vous ne la méritez guères, n'importe: il suffit que j'aye pris intérêt à vous pour que je ne vous abandonne pas absolument. Attendez ici : d'ailleurs, sans mon signal, on ne vous ouvrirait nulle part.

———

Elle est sortie d'assez mauvaise humeur pour aller raconter de point en point à la Marquise tout ce qu'on vient de lire. Celle-ci, fort émoustillée par le *service* de Belamour, & la tête montée par la lecture du livre en question, se trouve singulièrement contrariée. — Après un moment de réflexion :

LA MARQUISE.
Il est clair que cet homme est un sot : mais il est estimable, & c'est peut-être ce dont nous devions le moins nous flatter. Va lui dire, Durut, qu'il n'y a rien de fait, mais qu'avant de rompre toute négociation, je veux causer un moment avec lui.

MAD. DURUT.
Vous allez le mettre au comble de la joie.

LA MARQUISE.
Allez : & informez-vous de ce que fait le Baron Allemand. Qu'il se *monte*, entendez-vous ? J'aurai peut-être besoin de cette distraction pour effacer le sérieux de tout ceci. — Emmenez cet enfant : je vous le recommande. Il sert comme un petit Ange : (*à Belamour*,

en lui donnant un louis.) Va, mon bel ami. (Belamour baise respectueusement la main de sa bienfaitrice, & se dispose à suivre Mad. Durut.

MAD. DURUT.

Ainsi donc, je puis introduire notre Philosophe?

LA MARQUISE.

Oui: s'il consent *au masque-aveugle* (a)...

(a). Le masque aveugle n'est qu'un quart de masque de cire, noir, qui, portant sur la saillie du nez, les pommettes des joues, & les temples, laisse voir d'ailleurs la naissance des cheveux, l'ovale du visage, la forme du nez & la bouche en entier: mais à l'endroit des yeux il n'a point d'ouverture. C'est proprement pour priver de la vue, sans défigurer ni gêner, comme le fait un mouchoir, que ce masque fut imaginé. On l'applique à toute personne, n'importe de quel sexe, qui doit subir un examen. Il est à ressort comme les porte-feuilles, & organisé de manière qu'on ne peut soi-même s'en délivrer. Il faut une clef, que Mad. Durut, seule en possession de poser cette sorte de masque, a soin de remettre à qui il convient, afin que, selon le jugement, la personne examinée puisse recouvrer l'usage des yeux, ou soit renvoyée sans en avoir joui. — Les examinateurs usent aussi, selon l'occasion, d'une espèce de masque, à leur disposition, plus ou moins trompeur, à proportion de l'intérêt qu'ils peuvent avoir à se rendre indéchiffrables. — La Marquise dans cette aventure-ci prend elle-même un masque, mais fort découpé (pour que ses beaux yeux puissent, au besoin, jouer avec tout leur charme) & qui laisse la bouche absolument libre: un masque moins commode nuirait à ses vues du moment.

Qu'on prépare quelques glaces... — Attendez... apporte-moi à tout hasard... un masque de vieille... Non... un demi-masque à la Vénitienne... — Allez.

Mad. Durut se retire emmenant Belamour.

——

— Limecœur est bien content de l'audience dont on vient lui annoncer la faveur : cependant la cérémonie du masque ne laisse pas de lui déplaire : si ce n'est pas une mystification qu'on lui destine, du moins sa mascarade va lui faire perdre une partie des douceurs de sa bonne fortune : telle est sa secrete pensée, dont il n'ose toutefois faire part à Mad. Durut qui lui a déjà montré quelque humeur. Il se résigne donc & prend courage, en brave Chevalier français. — On lui fait quitter tous ses habits pour ne revêtir qu'un pantalon de soie blanche très-juste à la peau, des pantoufles à la turque, & un gilet de satin blanc parfaitement à sa taille, sur lequel se renverse la large collerette d'une chemise de la plus belle toile d'Hollande, garnie, ainsi que les manches, d'un point de prix. Cette toilette s'exécute, sous les yeux de Mad. Durut, par les mains de Zoé qui n'y néglige rien de ce que peut exiger la plus coquette propreté... Tout ce qui est nécessaire à celle de la bouche se trouve sous la main de Limecœur. Le ressort de son masque est adroitement niché dans ses cheveux auxquels l'habile Zoé, du bout de ses jolis doigts, donne une tournure pittoresque & piquante. C'est dans cet état que Limecœur est conduit au boudoir où la Marquise l'attend. (*a*)

(*a*) L'objet de ce curieux ouvrage étant de faire connaître à fond les usages des Aphrodites, il faut que le Lecteur ait un peu d'indulgence pour les détails purement descriptifs. Le rédacteur a promis de ne revenir nulle part sur ce qu'il aura une fois défini. *Note de l'Editeur.*

COLIN-MAILLARD.

TROISIEME FRAGMENT.

LA MARQUISE, LIMECOEUR *masqué*, MADAME DURUT.

LA MARQUISE,
(*Voyant que Limecœur hésite en entrant.*)
Approchez, Monsieur.

LIMECOEUR, *bas, à Mad. Durut.*
Le délicieux son de voix?

Mad. Durut, sans répondre, conduit Limecœur à portée de la Duchesse assise sur une... (il faut bien trancher le mot) sur une *fouteuse* (a). Dès qu'une main de la Marquise a

---

(a) Dans cet hospice, où rien n'est ordinaire, on nomme *fouteuse* un meuble qui n'est ni un Sopha, ni un canapé, ni une ottomane, ni une duchesse, mais un lit très-bas, qui n'est pas non plus un lit-de-repos, (il s'en faut beaucoup) & qui, long de six pieds, sanglé de cordes de boyaux comme une raquette de

pris

pris celle de Limecœur, Mad. Durut, laissant la clef du masque, se retire & enferme les acteurs.

LA MARQUISE,
(*Avec douceur, tenant dans ses mains celle de Limecœur.*) — Prenez place à côté de moi. — Je ne vous gronde pas de vos scrupules. Un galant-homme peut les avoir. Mais (*lui pressant un peu la main*) pourquoi soupçonner, au péril d'être injuste, une femme qu'on ne connait point, du projet de déshonorer celui dont elle attend sa sûreté & ses plaisirs! Cruel Limecœur! vous avez voulu mettre une barriere entre nous; je la respecterai. Mais je suis offensée. Il me faut une vengeance. (*Avec tendresse.*) Méchant! elle sera de te donner des regrets. — (*Elle lui donne un baiser, dont on ne doit pas oublier que la conformation des masques laisse à tous deux l'entière liberté.*)

———————————————

paume, n'a qu'un matelas parfaitement moyen entre la mollesse & la dureté, un traversin pour soutenir la tête d'une personne, & un dur bourrelet pour appuyer les pieds de l'autre. On a trouvé bon de nommer *fouteuse* cette espece de duchesse, d'abord parce que duchesse & fouteuse sont synonimes; ensuite parce qu'on nomme *dormeuse* une voiture où l'on peut dormir, *causeuse* une chaise où l'on cause. &c.

LIMECOEUR, *avec feu.*

Ah Madame! n'ajoutez pas à ceux (*les re-grets*) que font naître d'avance la juſteſſe & la bonté de vos expreſſions.

LA MARQUISE.

Non, mon ami. La vengeance eſt le plaiſir des femmes & des Dieux... Je veux qu'en te ſé-parant de moi, tu déteſtes ton aveugle injuſti-ce. (*un baiſer*) Je veux que ton repentir aille juſqu'au remords. (*Un baiſer plus vif accom-pagné de l'application, comme involontaire d'une main ſur l'exauſſement que cauſe la fière contenance du Boutejoye ſous les mailles élaſti-ques du pantalon.*)

LIMECOEUR, *avec tranſport.*

O Magicienne! Intelligence céleſte! Divi-nité!.. ou qu'êtes-vous? Quoi! lorſque votre ordre cruel a condamné la voie qui peut conduire en un clin d'œil juſqu'au cœur le feu ſubtil de l'amour, vous ſavez encore y atteindre, l'embraſer par la mélodie de vos ſens, par la magie de vos levres! déjà vous m'inſpirez! déjà mon erreur eſt maudite!—

Pendant cette tirade ſentimentale dont la Marquiſe, quoiqu'enchantée, ne fait que ſou-rire, Limecœur jouant des mains, d'abord avec circonſpection, eſt étonné de cette taille ſi fine, de cette gorge ſi ſéparée, ſi ferme, qu'on lui laisse parcourir. Limecœur qui ne sent rien à demi s'enflamme à l'excès : il souleve avec timidité des jupes d'une légéreté non moins indicative que commode. Comme on fait en même tems chez lui des progrès à proportion des siens, il se permet de palper amoureusement les cuisses & le reste... La perfection qu'il y trouve, n'ajoute pas moins à sa passion qu'à son étonnement. Le bijou brûle encore à la suite du vif exercice que vient de lui donner le petit préludeur. Limecœur croyant ne pouvoir faire trop humblement amende honorable devant des charmes provisoirement outragés par ses doutes ; assez peu présomptueux d'ailleurs pour ne pas abuser si vîte du droit de triompher, se précipite, & colant sa bouche sur l'adorable sillon, lui donne en maître cette magnétique friction que bien des Dames préferent aux plus solides services. La Marquise éprouve bien vivement qu'un Cavalier mûr & qui intéresse, donne beaucoup plus de plaisir qu'un marmot dont un livre lascif doit seconder les tiedes fonctions. La Marquise renversée, une cuisse jettée par-dessus l'épaule du délicat Limecœur, endure jusqu'au dénouement (qui n'est pas éloigné) cet hommage sublime. A peine son effet ravissant commence-t-il à se tempérer que, se soulevant & saisissant en silence le savant *gamahucheur* (a), elle l'attire sur elle, l'entraine sur son sein, le dévore

---

(a). On ne sait souvent où une langue va puiser ses richesses ! j'ai vu bien des Français se creuser la tête pour trouver l'origine du mot *gamahucher*, & dire ensuite qu'il était de pure fantaisie. — Point du tout, Messieurs, il existe, au fond de l'Egypte, une secte de bonnes gens *qui rendent un culte à l'ami de Priape*, aussi Dieu, ou qui le fut du moins, pour d'autres peuples. Je ne cite ni l'ouvrage où j'ai trouvé ce renseignement important, ni l'auteur trop grave & trop *national*, pour ne pas se courroucer, s'il se voyait nommé dans des écrits bouffons qui décelent évidemment la futilité d'un esprit aristocratique. Je prie donc le Lecteur de m'en croire sur ma parole, comme j'ai cru le voyageur sur la sienne. Or, il me semble que le mot *Qadmousié*, apporté d'Egypte en France, peut fort bien s'être altéré pendant la traversée. L'essentiel est que le culte lui-même se soit exactement transmis & sans doute perfectionné parmi nous. Quant à la racine de l'expression, elle peut bien être adoptée sans difficulté par une nation qui de Rawensberg a fait Ratisbonne ; Liège de Luttick ; La Haye de Grawenhague &c., & qui d'après ses conventions alphabétiques nomme Chakespéar, le Génie que nos voisins, d'après les leurs, nomment Chekspir. Il convient, dis-je, que cette nation reconnaisse *Qadmousié* dans *gamahucher*, & me sache gré de cette savante étymologie. Je réclame de plus contre l'innovation de l'ignare abbé Suçonet qui ne fait dériver son terme que du grec, tandis que les Grecs auxquels il fait honneur de l'invention (V. p. 8.) méde baisers, affranchit de toutes ses entraves le Boutejoye bouillant d'impatience & d'ardeur, & d'une main palpitante de lubrique fureur se le plante... non brusquement; il n'y aurait pas moyen, à moins d'en être déchirée, mais avec toutes les tournures qui peuvent hâter le bonheur d'héberger un visiteur aussi recommandable. Il n'est pas encore totalement *intronisé*, que déjà des flots de vie ont frappé les voûtes du sanctuaire des voluptés, mais ce n'est qu'un à compte fortuit de tout ce que cette union va faire naître de délices. Un second sacrifice succede sans nuance au premier, & tout de suite un troisieme, plus doux, plus savouré des deux parts, créant de nouveaux plaisirs, fait tomber enfin ces dignes athletes dans une délirante agonie. Que de soupirs échangés qui frappent jusqu'au fond de la poitrine ! Que de mots enchanteurs ! Que de palpitations, d'étreintes, de bonds, dont chacun exprime ce qu'aucun art ne saurait décrire, mais ce qu'imagineront sans peine les lecteurs assez heureux pour être

---

me, pourraient fort bien n'avoir fait qu'emprunter des Orientaux une pratique qui ne pouvait au surplus être connue nulle part sans y être adoptée & maintenue avec ferveur. (*Note du Censeur, membre de la Société des Antiquités de C........*

eux-mêmes fusceptibles de fenfations auffi fublimées !

LA MARQUISE.
Tel eût été, mon cœur, le régime de notre voyage.

LIMECŒUR.
Tel eût été ! Tel fera, célefte créature... où tu auras juré ma mort. Crois que je ne puis plus t'abandonner... que je m'attache à toi pour la vie... que je fuivrai tes pas... fût-ce au centre de la terre.

LA MARQUISE, *gaîment.*
Quelle folie ! voilà bien toute la conduite d'un écervelé ! gendarmé contre mes propofitions avant de m'avoir vue ! Converti fubitement pour une *mifere*, & jetté tout auffi ridiculement que de l'autre façon dans un délire de tendreffe... attends donc que tu faches fi j'en fuis affez digne.

LIMECŒUR, *s'écriant.*
Toi ! digne affez de mon amour ! Ah ! que ne fuis-je un Dieu moi-même pour être digne de t'aimer.

LA MARQUISE.
Il eft fou, ce cher Limecœur : mais il faut lui pardonner, il eft bien aimable...

Elle lui prend la tête avec un emportement badin, le baife & lui porte fes charmans tetons à la bouche ; il en dévore amoureusement les fraises durcies par le desir. En même tems elle se délecte à promener une main électrique le long du rable le plus moëlleusement profilé.

LA MARQUISE.
Comme il est fait ce démon-là ! (*Passant ailleurs, elle le trouve dans le plus bel état possible.*) Mais je ne suis pas encore assez vengée... (Au même instant elle se remet le vigoureux Boutejoye à qui cet impromptu lascif donne un surcroît d'ardeur... ils *s'unifient.*) — Jouissons (*dit encore la Marquise*) le tems est à nous.

LIMECOEUR, *s'agitant sans pétulance.*
Et tu seras assez cruelle pour ne pas rendre tout moi-même heureux ! mes yeux seuls seront privés de la jouissance de mille beautés.

LA MARQUISE.
Ah ! garde-toi bien de me presser sur cet article.. L'illusion est la mere du bonheur. Si tu venais à voir mon horrible visage ! — (*Elle suspend un instant ses mouvemens : Limecœur redouble les siens.*)

LIMECOEUR.
Eh ! que fait un visage quand on est toi ! quand on a tes attraits, ton ame, ton aimant !... Sois un monstre, & voici encore comme tu seras fêtée. —

== Il lime avec délire, il mord tendrement la langue de la Marquife, il attire fon haleine; il eft complettement fou. Le jet prolifique fait frémir les entrailles de l'heureufe Marquife. Mais Limecœur a trop de paffion, on l'a trop irrité pour qu'il s'en tienne là. Malgré le confeil, plus amical que fenti, qu'on lui donne de modérer fes tranfports, il recommence, & finit glorieufement une cinquieme carrière. D'auffi beaux procédés mériteraient bien fans doute que la Marquife fût généreufe à fon tour, & rendît à cet honnête amant l'ufage de la vue; mais il vient de paffer par la tête de la Dame une folie dont elle fe promet beaucoup d'amufement, & qui exige que fa beauté peu commune foit encore pendant quelques momens au fecret pour......

LIMECOEUR.

Eh bien? Délicieufe horreur? (*lui dit-il*) que rifques-tu maintenant de me montrer ta figure? me prouveras-tu que ces dents égales dont le poli parfait vient d'étonner ma langue, que ce menton fatiné, que cette refpiration de rofe, font d'un fpectre effrayant! N'ai-je pas touché les demi-globes de tes longs yeux! tes cils fournis n'ont-ils pas chatouillé délicieufement mes levres amoureufes! puis-je ignorer que Bérénice ne pouvait avoir de plus beaux cheveux que les tiens! Diane pouvait-elle avoir la tête mieux placée sur un col arrondi par l'amour! Prouve, prouve-moi donc ta laideur, femme cruelle, & ménage-moi l'occafion de te prouver à mon tour que tout ce dont je ne puis juger fût-il affreux, je connais déjà de toi plus qu'il n'en faut pour que je t'idolâtre le refte de ma vie.

Pendant que Limecœur peignait avec tant de feu fa très fincere ardeur, la Marquife a pouffé, fans qu'il s'en foit apperçu, certain bouton qui a fait fonner où il convient pour que Mad. Durut fe montre. Comme on n'a fonné qu'une fois, (ce qui fignifie qu'*on veut du myftère*) Mad. Durut (fi bien toutes chofes font minutieufement foignées dans cette maifon) Mad. Durut, dis-je, a pu ouvrir fans que Limecœur ait été le moins du monde averti. Dès que le paffage eft libre, la Marquife alerte comme un chevreuil, s'élance & fuit. — Mad. Durut fort tranquillement prend la clef du mafque tyrannique & rend la vue au pauvre Limecœur qui, ne voyant rien qui lui rappelle fa célefte amante, demeure ftupide & près de fe trouver mal.

LIMECOEUR, *hors de lui.*
Où donc eft-elle?

MAD. DURUT.

Sans doute au séjour des intelligences célestes. Une Déesse s'évapore comme l'odeur d'une fleur. (*Ces mots ont rapport à l'inexprimable étonnement que marque Limecœur de se trouver dans une pièce éclairée d'en haut, & où il n'y a aucune apparence de porte.*) — Vous êtes ici, mon cher ami, dans le pays des sortilèges.

= Comme il est réellement dans un état à faire compassion, la bonne Durut le force à prendre un peu de vin d'Espagne qui vient de se trouver sous sa main dans un *tour* masqué, aux différents étages duquel sont quelques fruits superbes, des biscuits, des confitures sèches & plusieurs flacons de vins de liqueur. — C'est avec assez d'indifférence que......

LIMECŒUR *se restaure un peu, disant.*
= Magique, mais fatal quart-d'heure, tu me coûteras la vie, si je dois ne pas revoir bientôt celle qui t'a fait naître... (*Il tombe aux pieds de Mad. Durut.*) C'est vous que j'implore, Madame. Vous seule pouvez me rendre le repos & me garantir du désespoir. Promettez-moi de m'être propice: retrouvez-moi ma Sylphide, ou plongez-moi tout de suite un poignard dans le cœur.

= Mais tandis que l'aguerrie Durut (sur qui tous ces superlatifs de l'amour ne font guères d'impression) sourit à la frénésie du désespéré, Zoé (*a*) survient, munie de tout ce qui est nécessaire pour réparer le désordre de l'extravagant, & pour le remettre dans son premier costume. — Elle est aussi porteuse, de la part de la Marquise, d'une carte qu'elle glisse adroitement à Mad. Durut. — (*Celleci lit dans un coin.*) „ Ne serait il pas piquant „ que, sans bouger, je rendisse Limecœur „ clairvoyant, infidèle en ma faveur à tout „ ce que m'a juré Limecœur-aveugle ! viens

---

(*a*) Comment donc est entrée Zoé dans cette pièce, où l'on ne voit aucune apparence de porte ! car on nous a promis une histoire & non pas des Contes de Fées ? — Pointilleux observateurs ; Zoé, comme tout le monde, a passé par une porte... — Encore ? — Laissez donc parler les gens. — Une glace (de six pieds de haut, jusqu'à l'imposte d'une arcade, dont le cintre est un autre morceau de glace) tient lieu de porte, glissant au moindre effort sur l'un des côtés. Qui n'a pas vu l'espace ouvert, ne peut imaginer que la glace soit là pour autre objet que celui de procurer aux gens le plaisir de se voir des pieds à la tête. La niche du lit est en face de cette ouverture déguisée. Si vous m'interrompez encore par de pareilles questions, je vous renverrai tout uniment à l'architecte.

„ me parler, Durut : occupe notre enforcelé :
„ je t'attends au jardin. „ = Mad. Durut a
si bonne opinion des *sentimens* de Limecœur
qu'elle le laisse entre les mains de Zoé, pour
aller parler à la Marquise. Cette retraite afflige étrangement Limecœur, qui, s'il n'était
à peu-près nud dans ce moment, ne manquerait pas de courir après Mad. Durut pour
la supplier de chercher & de retenir l'adorable invisible : il est encore si naïf (quoiqu'*Aphrodite agréé*, mais non *reçu*) qu'il craint de
parler devant Zoé du souci qui le tourmente.
— Tête-à-tête avec la Négrillonne, il supporte impatiemment que cette enfant remplisse, (autour des objets que veut cacher la pudeur) le plus avilissant ministère, mais c'est
en vain qu'il défend... (aussi peut-être un peu
par fausse honte) ses *pièces*, qui ne sont plus
dans un état brillant ; la friponne, aussi acharnée après elles que les Matassins après le derrière de M. de Pourceaugnac, ne le tient
quitte qu'après qu'elle l'a épongé, seché, &
si dextrement patiné qu'il est, avant la fin de
cette stimulante toilette, beaucoup plus montrable qu'à son début. C'est alors seulement
que Zoé quitte l'air sérieux qu'elle avait auparavant. L'amour-propre de cet être sensible
souffrait de ce qu'entre ses mains, un jeune
homme, quelque fatigué qu'il pût être, tardait à donner des signes de résurrection. Elle
donne gaîment une tournure aux cheveux :

quand le moment est venu de faire entrer un petit habilleur pour la chaussure & le reste, Limecœur veut faire un présent à......

Zoé, *qui répond.*

Grand merci, Monsieur. Je ne reçois jamais rien pour ces petits soins. J'en suis recompensée d'avance. (*Elle s'échappe en riant.*)

Limecœur, *à lui-même.*

Tout est magie dans ce lieu de délices!

LIMECŒUR, MADAME DURUT.

Mad. Durut.

Mauvaises nouvelles, mon cher. L'invisible s'en va grand train vers Paris, & c'est cette nuit même qu'elle part pour l'Allemagne. Elle était si pressée que, son carrosse lui ayant manqué, elle se sert sans façons de ton cabriolet (*a*).... N'es-tu pas bien heureux!

Limecœur, *avec transport.*

Oui, sans doute : car Figaro n'a pas manqué de monter derrière? Je saurai pour le coup...

Mad. Durut.

Prrr,! comme cette cervelle trote! Fi-

(*a*) Ici, Mad. Durut tutoye! elle est naturellement familière ; mais dans cette occasion-ci elle ruse. Il s'agit d'atttraper Limecœur ; elle affecte à dessein d'outrer l'amitié.

garo, s'enivrant au Tournebride avec la valetaille, ne s'est pas seulement apperçu qu'on dérangeait ta voiture. Quelqu'un d'ici le remplace & ramenera bien vîte le cabriolet, ton invisible ayant promis de n'aller avec que jusqu'à la barriere, où elle prendra le premier fiacre pour se rendre à son hôtel.

LIMECŒUR, *accablé.*

Il est noir celui là! Durut? vous venez de m'assommer, de me tuer. Comment! vous, consentir à cet arrangement funeste! sans me prévenir! sans me faire avertir qu'elle s'échappait. Je suis un homme perdu! ce scélérat de Figaro! je le mets en poussière! (*il est furieux.*)

MAD. DURUT.

Tu es fou, mon cher Limecœur! mais d'un mot, je vais remettre ta pauvre tête. — Cette femme est laide à faire frémir.

LIMECŒUR, *avec feu.*

Impossible.

MAD. DURUT.

Un monstre, te dis-je!

LIMECŒUR.

Oui, d'astuce & de cruauté. — Après des momens si doux!....

MAD. DURUT.

Delà, justement, naît ta disgrace. Te voyant du *caractere*; sentant qu'il lui serait ridicule de prétendre à fixer un homme de ta tournure, & dont elle m'a dit un bien... Ah! du moins n'est-elle pas ingrate!

LIMECŒUR.

Eh! que m'importe son éloge. Elle m'assassine en me louant!

MAD. DURUT.

Calme-toi. — Ne trouvant pas chez toi, dis-je, l'étoffe dont on fait un sot-complaisant à l'épreuve de la difformité, triomphante d'un moment d'illusion tel que peut-être elle n'aura de sa vie le bonheur de faire renaître le pareil, devait-elle risquer la chance d'être vue, au péril de te glacer & d'essuyer la plus humiliante mortification!

LIMECŒUR.

Quelle raison avait-elle de douter si je suis généreux?

MAD. DURUT.

Tu vaux beaucoup trop pour elle: il ne faut à cette femme qu'un *factotum*: un bon diable qui voulût bien, en voyage, se charger de mille soins, & faire sans répugnance la nuit un galant service.

LIMECŒUR.

Sans répugnance! je l'aurais trouvé ravissant: n'en a-t-elle pas déjà fait l'épreuve?

MAD. DURUT.

Fort bien. Mais quand on y voit! bénis plutôt la Providence. Voici de quoi te désenchanter: c'est le gage qu'on m'a chargée de te remettre du cher souvenir qu'on veut conserver de ton aveugle tendresse & de la reconnaissance éternelle qu'on voue à tes excellents procédés. — (*Elle produit en même tems une bonbonnière d'écaille blonde à cercles d'or étoilée, sur le couvercle de laquelle est fort bien peinte une figure bisarre, horriblement camarde, avec de gros yeux ronds & une large bouche.*) — C'est le portrait fort ressemblant de ta Déesse avant sa petite vérole.

= Tout ceci n'est qu'une mystification. La boëte est du magasin de Mad. Durut, munie d'une infinité d'objets de mauvais comme de bon goût, qui jouent leur rôle tour-à-tour. Ce n'est pas pour la première fois que cette caricature est mise en scene : elle ne restera pas dans les mains de Limecœur.

LIMECŒUR,
(*Après quelques momens de contemplation stupide.*) — Je dois convenir que cette tête n'est pas belle... N'importe : quand je place dessous, un corps admirable...

MAD. DURUT.
Oh ! pour bien faite, on l'est.

LIMECŒUR.
Mais voyez donc, Mad. Durut ? cette gorge est manquée. Elle l'a céleste.

MAD. DURUT.

MAD. DURUT.

Un peu noire. Et puis, il y en aurait trop peu pour certaines gens.

LIMECŒUR, *soupirant*.

On se ferait à ces yeux-là.

MAD. DURUT.

Ah ! je trouve moi que, pour toute expression, ils demandent l'aumône à la porte d'une culotte... Mais ce nez en revanche ! un nez qui laisse voir la cervelle ! c'est à boucher le sien.

LIMECŒUR.

Je vous jure, Mad. Durut, que le Zéphir n'est pas plus pur...

MAD. DURUT.

Que sa bouche peut-être. Mais pourquoi, vous masqué, voulait-on avoir un masque ? C'était pour étouffer... suffit... nous en savons des nouvelles.

LIMECŒUR.

Les femmes sont sans indulgence pour leur sexe. (*Il baise la boîte avec transport.*) Laissez-les dire, Ange de plaisir ! Qui que ce soit au monde ne te fera perdre une cause que l'amour plaide si chaudement dans mon cœur. Je ne connais de toi que des charmes... Je partirai, je volerai sur tes pas, (*il s'anime de plus en plus*) je ferai, dans tous nos foyers d'émigration, de si scrupuleuses recherches, qu'aidé de ton portrait, oui, de ce portrait qui s'embellit à chaque inſtant pour moi, je te déterrerai enfin... &... je me vengerai. Je te ferai repentir de tes perfidies... car... perfide, tu l'es : oui, tu l'es, jufqu'au crime.

MAD. DURUT.

Allons, allons, mon cher. C'eſt aſſez d'élégie. Quelqu'un pourrait avoir beſoin de cette pièce (*a*). Eloignons-nous, & puiſque tu dois attendre le retour de ton cabriolet, profitons d'un quart-d'heure que j'ai de libre auſſi, pour aller faire un tour au jardin-anglais.

LIMECŒUR.

Il m'eſt égal où je paſſe le tems. Dès que je ne ſuis pas avec elle : dès qu'elle fuit ſans moi !... Quel rafinement ! c'était pour m'empêcher de l'atteindre, la cruelle, qu'elle m'a mis traitreuſement à pied.

MAD. DURUT.

Raiſon de plus pour l'oublier. — Sortons. — (*Elle emmene Limecœur au jardin.*)

La concluſion de cette aventure ſe trouvera dans le N°. ſuivant : l'ordre chronologique veut qu'on rende compte à ſa place de ce qui ſe paſſait en ce moment même dans un autre endroit de la maiſon.

―――――――――

(*a*) Il y a douze de ces boudoirs progreſſivement galants ou riches, & tous d'un goût original. — Nous les connaiſſons. L'occaſion naîtra d'en décrire quelques-uns, ainſi que les principaux lieux deſtinés aux grandes cérémonies.

L'HABIT NE FAIT PAS L'HOMME.

QUATRIÈME FRAGMENT.

Un Quidam de grotesque tournure, & qu'il est impossible de ne pas reconnaître pour un Gascon tout brut, s'est présenté à la porte publique des bureaux de l'hospice. — Porteur d'une lettre pour Mad. Durut; il l'a demandée avec une arrogance peu pardonnable à un homme fort mal en point, & qui est venu à pied. Comme tout se passe avec le plus grand ordre chez les Aphrodites, & que, qui que ce soit d'inconnu, n'est admis dans l'intérieur sans avoir subi de rigoureuses épreuves, le Gascon introduit dans une chambre, qui se ferme aussitôt à grille de fer, & reçu par un homme peu accueillant trouve *ce genre fort mauvais*. Il s'offense surtout des questions sèches qu'on prend la liberté de lui faire. = De la part de qui Monsieur vient-il ? — Eh ! cap-de-biou, de la mienne. — Peut-on voir cette lettre ? — Qué mé veut ce *vélitre* ?

Es-tu Mad. Durut, l'hôtesse de céans ? Qui m'a fait un tel maroufle ! Apprends, faquin, qué lé Chevalier de Trottignac (*a*) n'a rien à répondre à tes pareils; c'est à *cette femme* sûle que j'ai affaire. La lettre est d'un *seignur* de mes amis; mais jé jure sur cette lame dé né la remettre qu'à son adresse. Qu'on me présente *quelquez-un* dé digne, que je lui parle, je me ferai donner satisfaction d'un petit *servitur* qui sé donne les airs d'interroger un homme de ma qualité.

⹀ Pour toute replique à cette tirade, le commis insulté tourne, à sa portée, une manivelle qui n'a pas fait deux tours que le pétulant Gascon, parlant encore, tombe, vîte, mais sans secousse, dans un trou de quatre pieds de large en carré, sur six de profondeur. Une claire-voie ferme aussitôt cette trappe. — On avait fait avertir d'avance Mad. Durut; mais dans ce moment, occupée de

―――――――――――――

(*a*) TROTTIGNAC. 30 ans. Traits marqués. -- Brun. -- Bazané. Larges sourcils, barbe bleue : -- Taille moyenne, épaules énormes, corps musculeux, jambe de coureur. -- Un grand chapeau à la vieille mode militaire, avec les restes d'un plumet noir rougi par les ans. Mauvais uniforme des anciennes milices. Rapière de bretteur. Chaussure ignoble. -- Mais Trottignac décrassé, façonné, ne sera pas sans prix.

Limecœur & de la Marquise, elle a renvoyé à Célestine le soin de savoir ce que peut être un aussi scabreux original que ce nouvel arrivé. — On conçoit bien que le pétulant Gascon entre quatre murs de planches, & ne respirant qu'à la faveur de la claire-voie du haut, se débat comme un démon, jure, menace? enfin la peur le prend; il crie *au secours, au meurtre*, dans le moment où survient la charmante Célestine.

CÉLESTINE, LE CHEVALIER DE TROTTIGNAC, *dans sa boîte.*

CELESTINE.

Bonté divine! (dit-elle) que se passe-t-il donc?

Le Commis souriant & sans répondre tourne la manivelle en sens contraire: on voit monter & s'élever hors du plancher comme une guérite, qui est toute la caisse dans laquelle le pauvre Gascon s'est enfoncé. Bientôt cette machine est au niveau du sol: un des flancs est à claire-voie de barreaux tournés, distans l'un de l'autre de sept pouces. Mons Trottignac a commencé de se rassurer quand il a senti qu'il remontait, & quand ses premiers regards ont été frappés d'une beauté qui n'a nullement l'air d'en vouloir à sa vie. Ce n'est pas sans une extrême difficulté que Célestine réprime l'envie d'éclater de rire que lui cause le contraste de la tournure tapageuse du prisonnier avec son air glacé d'effroi : d'ailleurs l'homme que nous avons décrit n'est pas un objet ordinaire pour une jeune folle qui n'a jamais vu de Gascon si complettement *du crû*. = (*Le Commis s'est retiré.*)

CELESTINE.

Je suis fâchée, Monsieur, que les usages de cette Maison se combinant mal avec la vivacité qui paraît vous être propre, il en ait résulté des choses dont en effet vous n'ayiez pas lieu de vous louer. Mais soyez persuadé qu'ici vous êtes en parfaite sûreté : votre intérêt propre est servi par les extrêmes précautions qu'on prend avec tout inconnu, n'importe de quel rang, qui peut paraître chez nous.

TROTTIGNAC.

Madame... en vérité... jé né suis pas déraisonnable... Si l'on m'avait prévenu. Est-ce enfin à Mad. Durut que j'ai la *faveur* de parler.

CELESTINE.

C'est à sa sœur qui partage ici toute son autorité. Mad. Durut vous prie d'excuser, si elle ne peut dans ce moment vous entendre elle-même... Je lirai, de sa part, si vous le voulez bien, la lettre que vous avez fait annoncer...

TROTTIGNAC, *héfitant.*

Madame... j'avais cependant juré de ne la remettre qu'à la perfonne elle-même... mais qui pourrait vous refufer quelque chofe... voici la lettre... Maintenant je puis efpérer fans doute de fortir de ce *Capharnaum* ?

CELESTINE.

Dans un moment vous ferez libre. (*Elle décachete, & jette avec une involontaire expreffion de dégoût, l'enveloppe fort craffeufe.*) — *Elle lit bas:*

LETTRE.

Au Château de Bombardac, le..... 1791.

,, Je t'envoye, très-chère Durut, un dia-
,, mant-brut qui bientôt aura dans tes habi-
,, les mains tout l'éclat dont il eft fufcepti-
,, ble. — Tu m'as paru embarraffée par fois
,, lorfqu'il s'agiffait de fournir, pour les *paf-*
,, *fades*, de robuftes tapeurs : tu n'as pas tou-
,, jours fous ta main ce qu'il faut pour cet
,, objet. Voici un grivois que tu auras pour
,, un morceau de pain (*a*) : tu pourras l'at-

(*a*) Cette lettre eft bonne à lire pour avoir une idée du profond mépris que certains nobles *du haut*

„ tacher à ton établissement, il y fera mer-
„ veilles. C'était le taureau du canton. Les
„ *Rouées*, les *Patraques* à grands besoins te
„ payeront fort cher un pareil ouvrier. D'a-
„ près cet échantillon, tu pourras établir une
„ spéculation : je suis au centre de cette den-
„ rée, & quoique sur le point de m'absen-
„ ter, je me fais fort de t'en fournir une
„ pacotille. Songe que les moines manquent,
„ & que tous les laquais sont en passe de de-
„ venir des seigneurs. Tu pourras écrire : mon
„ chargé-d'affaires t'aura bientôt fait pas-
„ ser une recrue. Nos infortunés houbereaux
„ seront trop heureux de trouver cet agréa-
„ ble débouché. Mais ne t'attends pas à voir
„ arriver autant de Trottignacs. Lorsque tu
„ auras vérifié de quoi il tourne, tu sentiras
„ que ces *mérites-là* ne se rencontrent point
„ par douzaines. L'individu n'est que ridicu-
„ le, mais d'ailleurs fort maniable. S'il s'avi-
„ sait de prendre le *haut-ton*, en le menaçant

---

vol ont pour ceux qui, manquant de fortune, de-
meurent confondus dans leurs obscurs foyers avec ce
que les mêmes demi-dieux nomment des *Manants*.
— N'en déplaise à l'insolent Vicomte, peu de *Houbereaux* d'aucun pays de France s'accrocheraient,
comme Trottignac, à la plus vile ressource, & jus-
tifieraient ce que dit cette lettre, de sa très-déro-
geante docilité. (*Note de l'Editeur.*)

„ du *bâton*, tu le remettrais auſſitôt à tous
„ devoirs. Adieu la plus utile des *Citoyen-*
„ *nes-actives*, & la plus eſſentielle amie du
„ Vicomte de Bombardac. „

„ *P. S.* Quand ma lettre, qui va s'achemi-
„ ner vers Paris au petit pas, te ſera remiſe,
„ j'aurai déjà repaſſé les Pyrénées. Ce n'a
„ pas été ſans peine que j'ai pu raſſembler
„ quelques centaines de louis. Je te préviens
„ que Trottignac te tombera ſur les bras ſans
„ le ſou, ſans chemiſes, & peut-être ſans cu-
„ lottes; aide-le pour l'amour de moi; tes
„ avances ne ſeront point perdues... Je t'em-
„ braſſe & baiſe la belle Céleſtine partout où
„ elle voudra. „

CÉLESTINE.

Voilà qui eſt à merveille, Monſieur. D'après
le bien infini que dit de vous un homme à la
recommandation duquel nous devons beaucoup d'égards, je prends ſur moi de vous
aſſurer qu'il ſera fait ici tout ce qui peut vous
être convenable. (*Elle ſonne trois fois.*) Reſte
une petite formalité.

Alors il entre un chirurgien-examinateur
ayant autour du front un garde-vue de taf-
fetas verd-ciré qui s'abaiſſe juſqu'au menton
en s'écartant du viſage. On devine que c'eſt
une maniere d'annoncer aux gens qu'on ne

songe point à regarder leurs traits, & que c'est plus bas que se dirige le ministère doctoral. Un petit domestique, à la suite, porte une aiguière avec sa cuvette, & du linge....

— Cet appareil ranime les craintes du Gascon. Célestine l'appaise, & lui dit fort amicalement qu'il ne s'agit que de s'assurer s'il est en parfaite santé...

TROTTIGNAC.

C'est qu'en vérité l'on dirait que c'est pour se *foutre* des gens, qu'on les reçoit ici.

CELESTINE, *un peu haut.*

On ne s'y *fout* de personne, Monsieur. Les Princes eux-mêmes veulent bien se soumettre aux invariables usages de cet établissement. Je veux bien vous répéter que, si vous devez vous y attacher, il y va de votre sûreté propre qu'aucun germe vénérien ne puisse s'introduire parmi nous.

TROTTIGNAC, *radouci.*

Allons donc : avec votre diable de mine & votre raison si bien raisonnante, si vous ordonniez qu'on m'écorche vif, je serais, ou le diable m'emporte, assez fou pour y consentir.

CELESTINE, *au Chirurgien.*

Visitez, Monsieur.

Trottignac s'exécute : il produit à travers

APHRODITES. 75

les barreaux de sa cage un braquemart énorme que Célestine voit bien du coin de l'œil, quoique, pour le *decorum*, elle se soit écartée de quelques pas. Le Chirurgien, après avoir mis le respectable outil dans un état de propreté qui lui manquait, palpe, visite, reconnaît l'état des génitoires, des aines, du périnée, & trouvant le tout *en état de parfaite santé*, fait son rapport à Célestine. Celle-ci pour lors s'approche & ouvre la clairvoie qui est une porte, dont elle a la clef. Le bouillant Gascon, tout débraillé, s'élance &, dans son premier mouvement, veut se jetter, avec la familiarité de gens de son pays, au cou de l'adorable créature. Elle le repousse sans humeur.

CELESTINE.

Tandis que nous y sommes, & pour ne pas abuser à plusieurs fois de votre complaisance, je vais vous demander une toute petite chose encore.

TROTTIGNAC.

Ordonnez, belle poulette, je me mettrais au feu pour vous.

= Il s'agit de quelque chose de beaucoup moins difficile. — D'un signe, compris par le petit domestique, (demeuré par son ordre) elle se procure une mesure, de bois, d'environ un pied de diamêtre : cet uftencile eft relié du haut par un cercle de fer auquel font adaptées quatre chaines égales, fymétriquement placées, & qui aboutiffent à un gros anneau, fufpendant ainfi le boiffeau comme un encenfoir. L'anneau eft épaiffement & mollement bourré par dedans. Il s'agit que la perfonne dont on veut éprouver le *dégré d'érection*, introduife dans cet anneau le gland de fon boutejoye & foutienne plus ou moins de livres pefant de boulets & balles de divers calibres qu'on place fucceffivement dans le boiffeau. — Trottignac, réfigné à tout ce que pourra lui prefcrire une charmante perfonne qui a le bonheur de lui plaire, fe foumet d'autant plus volontiers à l'épreuve, que Céleftine veut bien placer elle-même l'anneau. Cette cérémonie ne peut qu'ajouter beaucoup aux moyens du lubrique candidat. La mefure contient d'abord un quintal... Il l'enlève comme rien... — Vingt livres de plus. — Bagatelle. — Dix livres de plus. — Il n'y paraît pas. — Dix de plus. — Il les fupporte... =

CELESTINE.

Je cefferai quand vous direz affez.

TROTTIGNAC.

Mettez toujours...

CELESTINE, *ajoutant dix livres.*

N'allez pas faire quelqu'effort dont vous puissiez être incommodé.

TROTTIGNAC.

Si j'avais le droit de.... (*Il lève une main comme pour arriver au fichu... Une mine digne & sévère l'arrête, mais le boisseau ne bouge point encore.*)

CELESTINE, *mettant deux poids de cinq livres chacun.*

Si vous soutenez ceci de plus, vous serez l'égal de nos plus forts pensionnaires.

TROTTIGNAC.

Mettez-les à la fois. (*Il les supporte & fait même subir à cet énorme poids un petit balancement... il ne souffre pas qu'on le retire si vite. Ce n'est qu'au bout de trois minutes qu'il le laisse descendre sur le plancher.*

CELESTINE.

A merveilles, Monsieur. Vous serez des nôtres. — Votre dessein n'est pas de retourner à Paris?

TROTTIGNAC.

Non, Dieu me damne, je ne connais personne dans cet enfer-là. J'ai failli m'y perdre dix fois par *hure.*

CELESTINE.

Vos effets?

TROTTIGNAC,

(*Montrant un petit sac de nuit qui est dans un coin de la chambre.*) Voilà tout ; mes équipages & mes gens arriveront à loisir, si le diable ne les emporte pas.

CELESTINE.

Nous pourvoirons à tout en les attendant. — (*Au petit domestique.*) Conduisez Monsieur au pavillon de retraite : qu'on lui donne une chambre du corridor... vous y porterez des rafraîchissemens.

TROTTIGNAC.

Mieux que cela, sandis, ou je crève : je n'ai rien pris depuis mon déjuner. Jé mé sèns un apétit dé loup.

CELESTINE.

Eh bien ! tout ce que Monsieur ordonnera. Suivez cet enfant, Monsieur. On vous laissera reposer jusqu'à demain. Vers midi l'on fera demander de vos nouvelles.

TROTTIGNAC.

Pour Dieu, Mademoiselle, épargnez-moi d'avoir davantage à faire à ces maroufles de Commis, de visitur...

CELESTINE.

Cette corvée est faite : ce sera tout autre chose désormais : allez.

TROTTIGNAC.

Pour qué ma fortune fût complette, il faudrait qu'une aussi charmante friponne qué vous eût la bonté de la partager.

CELESTINE.

Rien que cela ! vous allez grand train,

Monsieur de la Garonne. Allez en paix : on vous donnera ce qu'il vous faut... — (*Trottignac se retire à petit pas, se retournant plus d'une fois pour revoir la belle Célestine.*)

CELESTINE, *seule.*
Voyez un peu ce pied-plat ! —

Le Commis rentre : Célestine fait enrégistrer la lettre du Vicomte, le rapport du chirurgien & le montant du poids, avec la circonstance des trois minutes pendant lesquelles le vigoureux Gascon l'a supporté. — Le détail de cette admission sert à faire connaître une partie de l'administration intérieure de l'hospice des Aphrodites. — Bien entendu que tout le monde n'est pas encagé comme le pauvre Trottignac : son ton tapageur lui a seul valu cette disgrace ; mais le serment de tous & chacun des membres de la Société comporte de se soumettre à la *visite* aussi souvent qu'elle pourra être exigée. D'ailleurs les personnes honnêtes & de bonne volonté qui se montrent pour la premiere fois, sont examinées dans un lieu plus commode, plus décent, avec toute sorte de ménagemens & de politesses.

Fin du second Numero.

ERRATA.

Page 3. ligne 10., de la part, *lisez* de ta.
Page 32. ligne 21, voudrais, *lisez* voudrai.
Page 48. ligne 3. avant la note, Duchesse, *lisez* Marquise.
Page 39. ligne 5. de la note, une porte, *lisez* une glace.